JN439246

노을 따라 가는 세월

김성수 시집

교음사

서(序)

노을 따라 가는 세월

눈을 뜨고 수많은 걸 봐야했고
그 속에 들어가 동행도 해봤다
몸은 계획된 프로그램처럼 움직이고
머리는 지시를 하지만 아직도 헤매며
갈 곳을 찾아 헤맨다
잃어버린 시간 속에 고개 들어 볼 때
수만 번에 노을은 지고
비가 올 때도 바람이 불 때도
차가운 겨울에도 변함없이
노을은 지고 있었다
눈을 가려 현혹시키려는 자연의 심술과
변화 속에 감춰진 지는 노을을 보지 못했을 뿐이다
수만 번에 지는 노을따라
그 노을 등에 업혀 세월도 따라지고
그 노을 품에 안긴 나도 따라간다

2020년 1월 김성수

| 노을 따라 가는 세월 |

· 김성수 시집
· 차례

1. 봄

2. 바다

3· 가을

4. 슬픔

5· 그리움

1

봄

임 오는 길

얼음장 밑
구슬 구르는 소리
나지막이 들리고
귓불 들썩이게 하는
버들강아지처럼
시냇물 소리에
살포시 웃는 여인
미동조차 없던
바람은 품으로 달려와서
작은 가슴 흔드는데
찔레나무 움츠린 달 밝은 밤
가시에 찔린 바람마저
저만치 늦춘 걸음
치맛자락에 품은 여인의 향기가
봄 가지 눈뜨는데
석양 아래 부엉이
애잔히 내려보는 솔밭에
숨은 달이 아픈 마음 동행한다

추녀 끝에 매달린 봄

작년 가을 얹은 용마루 끝
이영애 눈물이 고이고
추녀마다 낙수 물은
내 어머니 이마에 맺힌
땀방울 크기만큼 허공에 분주하다

어둠을 만지작거리던 새벽
횃닭치는 소리보다 먼저
쪽문으로 늙은 달그림자를 이고
백발의 머리칼을 문지른 나
채 못펀 허리를 들춰 업고
한발, 한발 멀어지는
집을 향해 손짓하는 어머니
추녀 끝 매달린 안개비가
가슴속 응어리진 눈물로 낙수 되어
구슬프게 깊은 이마 골을 파내듯
각 여지는 댓돌이 아프다

봄은 추녀 밑까지 바짝 왔는데
아직도 겨울잠에서 못 깨어난
어머니 다시 찾아온 이 세상은
환하기만 한데…

너를 두고

쪽 머리 새하얀 무명 치마저고리 동산에 연지 곤지 찍고 돛
단배에 꽃을 담아 신어 사뿐사뿐 선녀가 땅을 밟아 걷는다

봄부터 동 삼월 향기 짙은 꽃을
피워 백설에 나비 날아 뜨거운
가슴에 천지를 녹이려 하였건만
세월은 가로막아 등을 떠밀어
험한 가시밭길에 올려놓고
건널 수 없는 바다 위에
데려다 놓으니
고단함에 흘린 눈물 강변에
넘실대고 슬퍼 출렁이며
물결 처우 다

그리움도 사랑도 아쉬움도 미움도 모두 다 돌려주고 무명 치
마저고리 입고 왔던 길 쪽머리하여
뒤돌아보지 않은 채 나는 간다
지나온 세월 가슴속에 담아둔 걸 비워버리니 이리도 홀가분
하고 편한 걸 왜 이리 담아두며 힘들어하였나 이제야 깨달아

정처 없이 간다

저 멀리 화사한 꽃들이 만개한 곳에 노닐고 있는
아름다운 그림자
감은 눈 속에 보이는 곳으로
나가고 있으니 그림자 남겨두고
가는 나를 그리워하지 말아 주오
눈물이 앞을 가린다

엄니

시리고 차가운 고행이었나
모진 아픔 견뎌 힘겹게
찾아 나온 가녀린 푸른 손
내밀어 봄바람 부른다

새색시 연지 곤지 수줍어
고개를 숙인 채 빙그레 웃으며
어깨 들먹여 몰래 즐기는데
고단함에 토해내는 한숨
서풍은 안아 토닥여 준다

한 많은 모진 세월 무얼 그리
아쉬움에 잠들지 못한 채
끈질긴 생명 품에 안아
가슴에 눈물 담아 두었는지
한 송이 피우려 했나 보다

다소곳이 죽여 긴 시름 하얀 눈은 내려 울어 흐르는데 힘든
시간 달래어 머리 들고 바라보지
못하는 한 떨기 수선화
머리 숙인 채 마음으로 운다

이젠 그만 울고 시름 내려놓아 봄바람에 벗하며
춤을 춰 새색시
굽은 허리 펴 푸른 하늘 바라보길 간절한 마음
녹아 흐르는
하얀 눈에 전해본다

백로

밀어내는 서풍 맞으며
아침 해가 오른다

초목은 잠이 깼으나
기력 없이 흔들리고
잡으려 하지만 잡을 수 없이
수십 년 인고에 긁힌 상처가
버거운 세월 드러내고
긴 한숨 쉬며 움직이기
어려운 아버지
청아한 선비처럼 하얀 모시
적삼 몸단장하고 앉은 모습
아름다웠건만 날지 못하는
초라함을 바라보는 눈동자만이 희미하고
죽어가는 목소리가 부른다

인화 못 할 사진을 찍어 렌즈 속
담아 두고 빛바랜 필름으로
지워지지 않는 기억으로만 남아 있다

봄마중

새벽부터 흰머리 풀어 휘날리며
엄니는 힘없이 주저앉는다
뒷산 양지쪽 진달래
비에 젖어 눈을 뜨려 흐르는
얼굴 붉히며
눈뜨면 안될 텐데
두견화 울어 흘린 눈물 젖어
가지에 맥박이 뛰기 시작하면
뻐꾸기 한나절 울어 고단함에
보리밭 김매며 엎드려
울기만 하고
이러다 추위에 떨면 어쩌나
아직은 차갑기만 한데
머리에 수건 올려 목말 태우며
늙은 호미 잡고 흔들리는 듯이
보리밭으로 간다

뒷모습 몸빼 바지
오리 엉덩이처럼
씰룩이지만 등에 매달린 아이
칭얼대도 흙에 앉아
한시름 털고 맞는다

백목련

글썽이며 흘러내릴 것만 같은
눈물 그렁그렁 한 모습
어쩌면 좋을지 모르겠다

하얀 실크 블라우스에
굴러떨어질 듯한 구슬 같은 눈물
닦아줄 수도 없는데 바람이
데려갈까 기다려만 본다
햇볕에 말리려 애를 써보지만,
어둠은 가로막아 버린다

창가에 작은 촛불 하나 밝혀 놓고 기다리며 행여나
젖은 몸 말리려 다가올 것만 같은
당신에 얇은 블라우스를 기다리다
기대어 잠든 사이 옷 벗어 덮어주고 가버렸다

시집살이

음지에 쌓인 떡갈나무
낙엽 속 털모자 쓴 도토리
품에 안고 아직도 서릿발 박혀
뽑기를 거부한 채
마른 며느리 고된 시집살이
무겁기만 한 눈
뜨기 힘들어지고
마음속 완행열차
시동 걸어 움직이며
흰 수건 솔밭 정수리에
질끈 동여맨 채
곱던 손은 간데없고
거칠어진 늙은 손 호미 움켜쥐어
몸빼 바지 갈아입고
잰걸음 재촉하며 흐느끼는 엄니
곰팡이 피듯 나풀대는 보리밭에 쪼그리고 앉아
엉덩이 들었다 내렸다 디딜방아 찧으며 한낮에 보리밭
밟아서 품에 시린 시집살이 응어리 녹여 봄바람에
흐르는 눈물 옷소매에 훔치며 애가를 부른다

4월, 아픈 벚꽃

하얀 운동화 연분홍 블라우스 입은
단발머리에 앳된 소녀는
아름다운 여인을 소망하는 기도를 했다

가슴에 담아둔 임과의 세월은
시간 속에 접어두며
화사한 미소 짓는 여인이 된 소녀
지난 추억의 그리움 잊지
못한 기다림이
스쳐가는 바람처럼 애처롭다

화려한 아름다운 손짓을 해보지만
임 그림자만 지나갈 뿐
기다림에 설렘은
떨어지는 꽃잎된 빈 가지만 남는다

감춰둔 임을 기억하려는
4월,
그리워서 몸부림치듯 흩날리는 벚꽃이 비를 맞는다

할미꽃

햇볕 따스한 산허리 중턱
우두커니 아랫마을 바라보는
하얀 솜털

혹독한 시집살이 수심 가득한
얼굴에 울며 견뎌온 한 많은 세월
고개 숙여 편히쉬어 본다

어쩌다
허리 펴질 못한 채
삶에 죄를 지어
땅을 쳐다봐야 하는가
하늘도 올려다보지 못한
망자의 설움
고운 자태 꽃가마 연지 곤지
찍은 모습
꽃으로 환생하여
고운 모습에 아름다운 새색시 되어
다소곳 앉아있다

보리밭

밭둑을 지날 때마다 아침 이슬
바짓자락 부여잡고
울어 적신다

아침해 내린 이슬
토닥여 주며 닦아준다

푸르른 보리밭 사잇길 옆 유채꽃
노란 입술 삐쭉거리며 잔잔한
바다에게 중얼댄다

보리밭 길 거닐며
그 옛날 불던 보리피리 소리
귓전에 들려온다

석양이 물들 때

봄볕에 지는 해
석양은 불게 물들고
뉘엿뉘엿 지는 해
노을빛 붉게 꽃을 피워
바다에 비춘다

넓은 가슴에
붉은 해 품에 안겨 잠이 들었나
잔잔하기만 한 바다도 얼굴 붉힌다

붉게 물든 바다
품에 안긴 노을
봄 바다는 그렇게
바람 재운 채 잠이 든다

2

바다

돛단배

노 젓는 소리 적막을 깨고
파도 철썩이며 옆구리 때려
배웅에 어미 가슴 미어져
서풍은 안개 달래 데려가
길 터준다

만선에 욕심 낡은 그물
너덜거려 힘겨운데
물속에 버틸 힘 막연하기만
떠도는 고기떼 비웃는 소리
가슴 시리기만 하다

물 불어 수만 근 그물 잡아당기며
팔자에 샛강 범람하여 넘쳐 흐르니 짭조름한 맛
어느 것이 땀인가 바닷물인가
늙은 눈먼 고기 미동 없이 다리만 파르르 떨며
널부러져 자빠진 채

생을 포기한 듯 힘없는 눈까풀만
껌뻑이며 슬픈 표정에 바라보는 모습 애처롭기만 하다

소금

온몸이 상처투성이다
둔탁한 수심에 기억마저
감추려는 듯 골패인 길에
비춘 햇살의 입김에
혈액 채운 체온이 뜨거워진다

가끔 드물게 묵은 바람에
아픔을 토해 낼 수 있다는 것
하얀 마음으로 재탄생하는
희열이다
물살에 내몰린다
무언에 차가운 별 하나 박아 놓고
질척하게 마르지 않는 하얀 몸
그 빛으로 빛나는 인생을
긁어낸다

부삽이 뜨겁다
빛바랜 알갱이에 얹은 감정이
불꽃처럼 튀긴다
시간은 변하지 않은 채 흐르는데
물결치는 내 마음에 내려앉은 달
하루를 덮는다

항구

비가 내리는 어두운 밤
해 낮에 집 나간 자식은
빗속에 길 잃어 소리치며
어미를 부른다

방파제 끝에 서성이면서
방황하는 자식에 부르는 소리
부우웅
애타게 찾으면서 등불 밝혀
비추어 어디냐 하며 소리친다

밤비는 하염없이 내려
흠뻑 젖은 바닷길 잃어
방황하며 찾아오는 자식
등에 태워 항구에 데려다 놓고
파도는 너울너울 돌아간다

찢어진 바다

모래 백사장에 내리는
비 내 마음 젖어 흐르고
갯바위 갈매기 쪼았나
고동 붙어 길을 잃었나
우렁차게 소리 지르며 떠나는
수평선 맞닿은 뱃고동 소리가
기다리는 가슴 절벽처럼
연기 뿜는 화통 속으로
장대비는 숨는다

파도는 하얀 엉덩이 때려
시퍼렇게 물들여 놓고 뱃머리
부여잡으며 수평선 넘어
손 내밀어 사내는 찢겨 시리고
아린 마음 달래주는 이 없어
소리쳐 흐느껴 운다

어둠에 외로움은 철썩이며
토닥여 주고 방파제 서 있는 등대 껌뻑이며 배웅한다

그녀의 봄 바다

바람도 불지 않는
포근한 바다 위
진한 향기에
이름 없는 꽃들은
만발하게 피어
그 향기 코끝 자극하고
넓고 깊은
그녀의 바다
향기 짙은
그녀에 넓은
바다 위에 노닐고
잠에서 깨었을 땐
이미 깊은 바다는
저 멀리에 있었고
포근했던
가슴에 핀 꽃에 향기는
어디로 가버렸나
이 봄에 향기 짙은
이름 모를 꽃에 향기
어디 가서 찾아보려나

서풍이 불면

바다에 밀물
썰물로 변하여
서풍은 불어
봄을 등 떠밀어
산촌에 보내니
삽삽한 서풍은
불어 일기 시작하고
만물은 앞다퉈
달음질하듯이
자라 종족 번식하려
할 때
산새들 응원가
산에 메아리친다

색동 옷 입은
아지랑이
보리밭에 앉아
사랑하니
종다리 신작로에
망을 본다

파도

저 멀리 수평선에서 검푸른
기다림에 마음 살며시 부딪쳐
울며 돌아가야만 했던 시간
차디찬 바람은 나를 몰고 와서
떼어놓고 돌아가지만
갯바위 바라보는 마음
쓰리기만 하다

떠나가는 뒷모습 초라해
흐르는 눈물 삼킬 수도
없는 심정 오죽하리 지금 가는
모습 물거품 되지만
하얀 미소 지으며 다시 찾아
백사장에 누워 널 안아 반기리라
깨어져 부서지는 모습 변함없지만
찾아온 나를 반겨주는
모래에 품이 있어 행복하기만 하다

갯벌

어찌할 줄 모르며 팔과 다리
접어 감추려 애쓴다

알몸에 그녀를 덮어주려
푸른 물은 넘실넘실 달려와
안아 감춘다

갯바위
조그마한 고무신만한 쪽배
출렁이며 울렁울렁
춤을 춘다

지나는 봄바람
흥이 나서 한바탕 공연을 하며
즐기고 푸른 바다에 숨은 그녀
누워 잠들고 철썩철썩 손뼉을
치며 파도 하얀 이빨 드러내
웃는다

갯장어

아름다운 그녀에 몸매에는
빛이 나고 윤기 있는 피부는
누구도 만지기조차 거부한 채
요염한 자태는 그저 바라만 보며
침만 질질 흘릴 뿐이다

쭉 빠진 몸에 하얀 속살 드러내 보이며
아랫배에 오동통
그 자체가 아름다운 모습
많은 출산을 하고도 군살 없는
당신은 참으로 아름다워
남몰래 취하여 진한 키스에
그 보드라움 만끽하고파
해가 지면 당신의 생각에
미칠 것만 같다

맨정신으로 당신을 내 품에
안아볼 수가 없네
탄력에 튕기어 칠듯함 입맞춤에 흥분되는
그 느낌 어찌할 수가 없어
망가지려 소주 한 잔에 띵한
기분으로 당신을 맘껏 안아

살짝 눈 감고 지그시 깨물 때
흔들리는 느낌에 나는 죽어요
이 밤에 어찌 당신을 잊으리까
해지면 그립고 생각나는
당신을 또 기다립니다

겨울밤바다

살랑살랑 춤추는
어둠 속에 파도
살을 에는 듯한 차가움에
흐느끼는 소리로
혼자 왔다갔다한다

하얀 물거품은
달빛과 블루스 추고
하얀 담배 연기처럼
입김 뿜어내며
아주 조용하게 밤에
바다는 달빛에 젖어 있다

그립던 그리워야만 했던
그 사람은 저 물거품 속에서
숨바꼭질하며 좋아하는 미소
유혹하는 밤에 여인되어
아름답다

백사장에 무심코 썼다가 지우고
어둠 속에 바다는
조용히 나를 달래어 준다

에이는 듯한 찬바람 등을
토닥여 주고 어둠 속으로
사라지며 추운데 집에 가라 한다

겨울바다

바닷가 모래 백사장을 거닐며
수평선을 바라본다
발자국이 그림자와 함께
뒤따라오며 추워 덜덜 떤다

지난여름 흔적을 남겨놓았던
사람들은 무얼 하고 있으려나
생각하며 걸어보는 모래 백사장
바닷바람은 등에 업혀
말타기 하며 좋아한다

우두커니 날 바라보는
갈매기 엉덩이 씰룩거리며
천천히 뒤따라오다가 춥다며 집에 가고
바닷바람 내 뺨을 어루만지고
품에 안겨 매달린다

두 볼에 에이는 듯한 찬바람
내 몸에 안겨 추위를 녹이고
바쁘게 달음질쳐 가버린다

굴

물속에 잠수하였다
물 밖으로 나오길 수만 번
목욕을 하는 것인지 샤워를
하는 것인지
아름답지도 않으면서
못생긴 너는 베일까 가까이하긴 참 어렵다

물 밖으로 나올 땐 시리고
차가운 한겨울 눈보라 칠 때
알몸으로 나와서 유혹하는
까닭이 무엇인지 알 수가 없구나
그런 너를 나는 왜 사랑을 해야만 하는지 모르겠다

뼈도 없이 흐느적거리며
눈도 없는 것이 윙크를 하고
입도 없으면서 키스하기를
좋아하는 너
어느 사람의 입이라도 가리지
않고 사랑하며 혀를 자극하는 너
차가운 겨울 키스하려 입으로
들어와 혼미하게 하는 너를
몹시도 사랑한다

고등어

망망대해 우연히 만난 우리 부부
신혼살림 고단했지만 행복했었다

후손 보려 욕심내다 잡혀 온 이 몸
하염없이 흐르는 눈물 마를 길 없고
배 갈라 부패 막으려
소금 채워 짝을 맺어주네
기력이 다하여 볼 수 없지만
죽어 저승으로 가는 길
짝지어 준 것이 당신이었소
우린 죽어서도 부부 연 맺어지니
그래도 행복하기만 하다

차가운 겨울바람 시장 골목 좌판에 알몸되어
우린 끌어안고 그래도 사랑해서 함께 있으니
춥지도 않고 행복하기만 하다

3

가을

만추에 눈물

잠든 채 깨어나질 못하는 내 청춘
묻어두어야 하는 외로움
꺼낼 수 없는 마음에 낙엽만
쌓여간다

엎어져 소리 내질 못한 채
흐느껴 울어야 하는 잎새의
한 많은 사연에
내리는 빗물도 따라 운다

젖은 손끝에 흐르는 그리움
시린 마음 누가 알아주리.
가지에 맺힌 눈물 흘러
떨어지는 아픔을 혼자 삭히며
불어오는 바람에 매달린 채
떨어져 죽어만 가고
따뜻한 마음조차 적시며
쓸쓸함을 부어 놓고
돌아서야만 했다

떨어지는 잎새 바람 등에
업혀 울고만 있는데 누가

달래주려나 찾는 이 없다

달빛 아래 그림자 없는 가로등은
밤을 새워 누굴 기다리나
그리워 우는 풀벌레 애가는
고요를 깨트리며 서성이는
저 불빛은 꺼질 줄도 모른 채
밤을 새워 졸고만 있다

가을엔

햇볕 잘 드는 언덕에
솔잎 깔아 누워
푸른 하늘 올려다 본다

축복을 주며 다가오는 가을
풍성한 하얀 꽃 구름은 한참을
내려다보다 솔잎에 찔려
구멍이 난 가슴속으로
바람 지난다

단풍처럼 곱게 물든
사람을 기다려봅니다
기지개 펴고 일어나
하늘과 맞닿은
바다를 바라보니 흰구름
빠지지 않으려 안간힘 쓰며
바둥대는 모습 안쓰럽다

감칠맛 나고 싱싱한 가을날에
고소한 향기 실어와
콧속에 넣어 주고 가는
투명한 그림자

바로 내가 찾던 사람이었을까
행복이 들러리 서 주는 가을이면
참 좋겠다

억새

더위가 지쳐 갈 때쯤 찬바람
불면서 파란 잎새 떨어질 때
조용히 숨죽여 울고만 있었다

별들이 졸고 있던 날 밤
사각거리는 소리에 놀라서
두리번거리고 돌아봤을 때
그때야 자기 몸이 흔들린다는 것을
알았을 때 놀래고 말았다

별빛이 흔드는 것도 아니고
그렇다고 바람도 불지 않는데
혼자만의 흐느낌
울고 있었다는 것에 깜짝 놀랐을 뿐이었다

산다는 것이 그렇게 속으로
느끼지 못한 채 조용히 울고
울면서 살아간다는 것을
모르고 살 뿐 그러기에 때론
행복인 줄 착각 속에 살아갈 뿐이다

붉은 단풍

붉은 단풍 사이 노을 내려앉아
노니는 걸 바라보다 돌아서니
어둑어둑 땅거미 몸 감아 싼다

긴 시간에 밤을 안고
내일을 생각해 본다
젖어 있는 채로 아침을
맞이할 것이고
왜 젖었는지 나는
알려고 하지 않을 것이다

하늘을 깎아 떨어지는
별들 사이로 장엄한 아름다움에
흰 돛단배 하나 떠가고
붉은 단풍 사이로 살며시
내려앉아 술래잡기 놀이에
시간 가는 줄 모르는 달빛
이슬에 젖는 줄 모른 채
밤 지새운다

가을밤

매달린 잎새 비상하려
준비하는 밤
가지 마라 붙잡는 달
사그락
사그락
혼자만이 밟으며 걷는 발걸음
왜 이리도 쓸쓸하게만 들려오나
가을에 떨어진 잎새의
외로운 신음인가
발걸음에 쓸쓸한 소리인가

지금 밟히는 잎새는 누구에
치맛자락이려나
한 걸음 한 걸음 걸을 때마다
도망하는 잎새
어디쯤 오는가 엎드린 채
발소리 가만히 듣는다

가슴속 우는 소릴 잎새는 듣고
있나 땅에 엎드린 채 흐느끼는
너에 모습 네 마음 나에게
전하려 할 때
외로움은 깨어나 날 잡아당긴다

갈잎

젊은 한때 과시하며 뜨거움
막아내 넓은 치마 펼쳐 태양빛
가려 주었다

바람은 간간이 불며 이따금
양기 뺏어가고 힘없이 말라서
흐느적거릴 때
간신히 연명하며 매달린 채
잠이 든다

추워 오들오들 떨고 있을 때
백설기에 하얀 가루 뒤집어씌우고
차가운 바람 좋아라 춤을 춘다

굳어 떨지도 못한 채 고개를 숙이고 있는
내게 지난여름 나를 이기려던 태양에 따스함이
나를 품어 울게 한다

절구통

대문간 안에 움푹한 게
흉흉하기만 한
커다란 형체 하나 덩그러니
벗은 채 마당 밖 내다본다

벽에 기댄 기둥같이 묘한 물건 하나
흉흉한 물건 곁을 떠나지
못한 채 서성이고 바지 벗은 채
살아온 세월 큰 키는 하도
찌어대어 난쟁이처럼 되어
고단함이 역력하기만 하다

털이 보송보송 난 겉보리 서너 되 부어 놓고
끊임없이 찌어대 수백 번 큰 구멍을 힘껏 들어갔다
나오길 반복하고 벗은 알몸
잘록한 허리는 반질거리기만 하다

털이 다 벗겨지도록 수고한 댓가
하얀 이쁜 자식들 말똥거리며 바라보는 모습
잘도 영글었다
부지런히 널찍한 구멍에 열이 나도록
드나든 기둥 같은 잘록한 물건의 노고에

이쁜 자식은 태어나고 잉태한 지어미
기진맥진한 채 가쁜 숨만
몰아쉴 때 가을바람 식혀준다

붉은 가을

아침 안개 자욱하고 촉촉이
젖어 흐르는 이슬은 안개 품에
안긴 채 토닥이는 새벽길

콧속에 들어와 인사하는
찬공기는 낯설기만 하고
지나는 길마다 축 처진 듯 젖어
서 있는 빛바랜 초목들 잠이 든 듯 조용하기만 하다

뜨거움은 아직도 여름을 흉내 내지만
숨길 수 없는 계절에 입김은 차갑기만 하다

그런 가을을 나는 낡은 애무로
두 팔 벌려 끌어안고 지긋하게
눈을 감아 본다

구름 사이로 새어 나오는
숨결 고단하기만 한데
눈을 감아 너의 소리 들어 본다

지는 노을은 붉게 물들어 진한 키스로
오늘과 작별하려 하지만

노을빛에 물든 잔잔한 파도의
울렁임을 품속에 안아 재우려 한다

마른 입술에 가을바람 살며시
적시고 노을 진 바다
어둠은 덮어 재우려 할 때쯤
초록 바다엔 별들이 등불을 켜고 길을 잃어
방황하는 배 항구로 불러 재운다

혼자 가는 길

슬픔과 아픔에 견디기 괴로워
돌아서는 발길 무겁기만 하고
누군가 부르기만을 기다리며
돌아서 가는 길에는 풀 한 포기 없는
황량한 사막 같은 언덕에
이따금 부는 가을바람
흙먼지 일으켜 길을 막아
서성인다

목마른 갈증에
산길 중턱 묘비 없는 무덤가에
앉아 사연을 들어 본다
관객 떠난 무대에는
홀로 남아 걸친 옷 한 벌에
노잣돈마저 궁핍하게 떠나
좁디좁은 관 하나 평생 마련하여
조용히 누울 것을 몰랐었다

왜 그리 분주하고 채우려만 했는지
허무하기만 하다네
꽃은 지면 다시 피우지만
생에 꽃은 한 번 피어지고 나면

그만인 거라 하네
나그네로 갈 것을 움막 지으려는 어리석은 생각은
하지 말라 하는 그 뜻 이제야 알고 떠나간다

만남

솟아오른 민둥 자갈에 묻힌
산천 수채화 물감으로 터치하며
눈 주름 찡그리듯 가을 햇살 입고
색깔 다른 그림자들을
이리저리 쫓아다녔다

나풀대는 바람까지 반기는 만남
입에서 귀로 퍼지는 하모니와
코러스

삼백 예순 날 악착같았던 삶을
못 빼던 하루 다시 메우려 발 걸음 옮기는 시간
기약 없는 재회를 슬퍼하지만 말자
변형되지 않는 마음 안고
화사한 가을 풀어낸 물감처럼
그림을 그리고 시를 짓는다

굴뚝

멍석 말아 추녀 밑에 달아매고
삼태로 아궁이 재 담아 텃밭에
뿌려 연기처럼 피어오른다

아궁이에 지핀 하얀 뼈 붉은빛은 배어 들어가 내뱉는 한 모금에
담배연기 검은 입은 바라보다
빨아당긴다

핫바지 쪼그리고 앉아 창살도
부러진 긴 터널 안에 하얀 연기
맴돌다 곰방대 붙어 빨려
들어가고 콧구멍에 나오는 연기 파란 하늘에 뭉게구름 띄워 놓는다

헛기침에 곰방대 툭툭 털어 쌈지 주머니에 끼우고 고목이 되어있는 장승같은 당신 수심 가득하다

술잔

땅거미는 문을 열고 가을바람
불러내어 어둠을 밝히라 한다

충혈된 눈을 부릅뜬 조명은 내려다보며
허리 잘록하고
엉덩이 둥근 와인잔을 주시하며
내려다본다

음악은 텅 빈 마음 채우며 뿌연
안개 같은 담배 연기 조명 머리채 잡으려
너울너울 꼬리 흔들며 날아올라 간다

붉은 립스틱 묻어있는 포도주 잔 손에 잡고
진한 입맞춤에 숨이
가빠 오기 시작하고
혼미해진다

흥이냐고 잘록한 허리 잡은 손힘이 없어지며
입술로 끌어다 대며 사랑에 노예가 된다

4

슬픔

술이 부르는 소리

취하지도 않았는데 비틀거리는 오후
썩은 골목길이라도 상쾌하다

게슴츠레 눈을 뜬 전구는
유혹하며 구석진 모퉁이에
자리잡아 으레이 습관처럼
중후하게 다가와 친절을
베푸는 마담은 수심 가득하다

붉은빛에 전구는 온몸 전체를
취하게 하여 놓고 술잔에 고인
맑은 영혼 둥실 떠 가라앉은
여인 붉게 취해 비틀거린다

눈을 감고 입안에 털어 넣은 술잔 속
쓰디쓴 기억 남겨주며 목으로 넘어가는 소리
거칠게 들리며 요동친다

비틀거린다
마음에 쿵쾅거림에 도망하려는
심장 바쁘게 발길질하며 달린다
아무도 없는 늦은 밤 골목길 비틀거리며

품에 안은 나에 벗
변함없는 너는 우두커니
내려다보며 길 밝혀주는 가로등
그래도 네가 편해 발밑에 실례를 해본다

버림받은 밤에 부축해주는 바람 있어 그나마 행복하다

호미

허릴 펼 수조차도 없다
벌떡 일나서 고개 젖히고 하늘
한번 봤음 삼 터* 잊은지 오래고
마음속 노랠 부르며 땅속
파헤친다

지렁이 도망하며 오줌 지리고
일어서려니 굳어버린 허리 우두둑 소리에
다시 주저앉는다
아직은 어둠이 오긴 이르지만
오늘따라 기다려진다

이젠 쉬고 싶다

굳은 땅 파내기엔 무리가 왔나 보다
골다공증이 있나
가끔씩 힘겨워할 뿐
땅속을 파헤치고 지친 이 몸
언제쯤이나 허릴 펴보나
흙을 파야 눈 속에 아른거리는
입들을 다물게 할 텐데
멀지도 않은 옛살이

한번 다녀와야겠다

엊저녁 꿈에 보여 그립다

*삼 터 : 옛살이는 고향을 뜻함.

회상

유년에 배고픔과 찌든 마른 걸레처럼 굳어버린
꿈 많던 시절
그때도 들꽃은 피고 네잎클로버는 숨어 있었다

지금도 그 꿩은 대를 이으며
앞산에 울고 산비둘기 구구는
소리 변함없는데 눈에 보이는
풍광은 변해만 가고
늘 푸르다는 노송도 더는 자랄
기력 없이 자꾸만 굽어 땅에
손 짚어버틴다

작은 잡초는 낫을 피해 용케도 살아남아
오뉴월에 누렇게
탈색되어가는 듯
변형되어가는 이름 없는 잡초
희망에 꿈 서서히 꺼져가고
기력 소진되어 목마름에 느리게 움직인다

늙었다는 늙어간다는 소리에 정지하여 돌아보니
갈 곳도 찾는 이도 없고
피하려 발버둥치던 낫질에

두 손도 옛것이 되고
굉음의 소리에 속수무책
쓰러지는 잡초들
나도 저 틈에 끼어 다가오는
기계 소리에 쓰러져 가려할 것을

뿌리 깊게 박아 심은 꿈 뽑히는 날

고물의 환생

방긋 미소 뒤에 숨어 있는
살인적인 손에 끌려간다

화장품 짙은 향에 마취되어
장바구니에 담긴 채
입양된 나는 설렘과 두려움에
설친 잠 비비고 닦아 광을 내고
세수시켜 새 모습을 만들었다

새벽부터 밤늦도록 만져대는
탓에 고되기만 한 일상
부부싸움할 때나 기분 좋을 땐
홍 타령에
죽어라 얻어맞아야 하고
화가 날 때면 집어던진다

오래되지 않아 찌그러져
못쓰겠다며 구둣발로 짓이 기고
쓰레기 취급을 받은
초라하게 흐르는 눈물
밤하늘 별도 밝은데 왜 이리
서러운가 새벽녘에 지나는

자동차의 고단한 소리
인간은 영장류라 세상을
지배한다지만 한 번 죽으면
태어나지 못하는 걸 잊었나 보다

고통에 불 속에 다시 태어나는 걸 왜 모르고
업신여기는 가요

임종

침상 위에 햇볕이 창 넘어
들어와 나란히 옆에 누워
따사롭게 어루만져 준다

연명하는 시간 동안 초침은
빠르게 가고 잡아주던 손은
떠난 지 오래된 듯
무뎌지고 더는 오질 않는다

이젠 마음조차 더러워졌나
만지길 거부한 채
눈으로만 바라보며 애써
만져 주려 애쓴다

그 눈빛마저 감은 채 뜨지 못하면
누가 마음이라도 만져주려나
바람 햇볕 그처럼 아름답고
소중한 것은 마음속에 있는
손일 것이다

영면

울렁울렁 물결치는 파도
흐느껴 울고 바람마저도
소리 없이 지나간다

셔터 안에 유리창 흐르는 비
멈추질 않고
햇볕은 멈추라며 토닥여 준다

젖은 창엔 무지개 뜨고 기억 속
눈에 비친 형상은 빙그레
미소 지으며 나지막하게 웃는다

아범아~
차 조심하고 늦지 않게 들어와라
귓속에 앉아서 말하는 엄니
서성인다

애마가 비에 젖는 날

잊을 만하면 또 내리고
흠뻑 적신다

산촌에 들리는 바람 소리
찌그러진 양은 냄비 빈 깡통
깨지는 아픔처럼 마음이 젖는다
황토 흙 발에 배여 지워질 날 없이
웅덩이에 빠져 질척대며 걷는
발걸음도 고단하다

이 밤에 목욕하고 나면
내일은 바람이 찾아주려나
깊숙이 스며들던 동장군의 뿌리가
흐느끼고 그 뿌리가 빗물 먹고
눈을 뜨겠지 초록 잎새 내밀 때
나는 걷는다

지날 때마다 나의 몸 만져보며
눈을 뜨고 나의 커다란 눈
유달리 빛이 난다
이제 언덕마루 숨가쁘고
거칠게 숨 쉬어지며 힘겹지만

운명이니 가야만 한다

고갯마루에 오르니
잠시 쉬었다 가야겠다
뒤돌아서 보니
꼬불꼬불 보이지 않는 삶이
흐느낀다

손

거북 등같이 굳은살
못도 들어가지 않을 것만 같은데
한겨울 세상에서 아름답고
제일로 따뜻하기만 하다

수건 쓴 채 등잔불 앞에 앉아서
문풍지 울음소리 등으로 막아
벌레 기어가듯 무명천은
꿰매어지고 길고 길기만 한
시린 겨울밤 뼛속까지 들어오는 새벽녘
닭발같이 굽은 마디에
호호 불며 어두운 새벽 부엌을
밝힌다

빛바랜 무명 치마저고리에
찌든 때 묻은 옷고름은 그네 타고 하얀 입김은 연기 피어오르는 듯한데 아직은 어둠이 덮은
한밤중이련만 다섯 집게는 떨며 연신 땔감 던져 넣고
불빛은 부엌을 데워 준다
한 바가지에 물을 적시며 아침을 연다

노숙자

구석진 모퉁이 패인 곳에
모여 있는 군중들
부는 바람 따라 들썩이고
지나면 조용히 잠이 든다

앙상한 가지만 남은 나무는
차가운 겨울에도 홑이불 하나
덮지 못한 채
다 뺏기고 떨고만 있다

알몸이 된 나무 빈손 뻗친 채
이리저리 채이듯 겨울 찬바람에
움츠린 채 약속하기만 하다

넓은 평수에 잎은 뺏기고 작은 가시 같은 솔잎에 푸르름 여유롭게 교만함 찌르듯 바람 따라 리듬을 탄다

모

여인의 품에 안아주고
등 내어 기대게 하여준
긴 시간 속에 의지했던 것이
저만치에서 바라만 본다

장마에 흙집 허물어지듯
낡아 움푹움푹 패이고
쓰러져만 가는 모습 애처롭기만 하다

허물어지는 걸 고칠 수만 있다면
여인에 발걸음 더디게 할 수 있으련만
잡을 수 없는 애절함
빛바랜 창호지 문 소리쳐 운다

며느리

삼복더위 질삼 매며 긴긴해
더위는 가실 줄 모른 채 하루가
한 달 같고 쪽잠에 가라앉는
눈까풀 달래며 고된 시집살이
이보다 더한 게 무엇이 있을까

부뚜막에 걸터앉아서 바가지에
보리밥 누룽지 몇 술 뜨고 고단한 육신 움직인다

긴긴 겨울밤 입김은 하염없이 나오는데
겨우 바람막이 해주는 흙집에 꼬물꼬물 솜이불
들썩이며 코 고는 노랫소리

질삼 두어 꼬리 삼고 나니
찬바람 문풍지 때려 울려 놓으니 첫닭 목메어 운다

늙으러 가는 길

등짐 무거운데 찬바람 불어
가는 길을 막아 무거운
발걸음을 더디게 잡는다

한 발 두 발 발 발 걸음
부서져서 깨어지는 소리
그 누가 고요한 이길
긴 한숨 토해내며 걷는 이에
심정을 알리오

등짐에 흠뻑 젖어 있는
잠뱅이 찬바람 달라붙어
더 차갑게 하며
고갯마루 넘어설 때
순풍에 온기마저 따사로움은

아련한 임에 젖가슴의
그리움만 남아 머릿속
혼미하게 하는데
왜 힘겹게 이길 걸어
변형되길 바라는가

갈 수도 없는 길에
가야만 하는 길이기에
뒤돌아서 갈 수도 없이
길고 긴 길을 걷다가 늙어
주저앉아 영원히 쉬기 위해
걷는 이 길

가난한 가장에 이별

한세월 모질게 살아오며
돌이켜 생각하니 고된 시간이
아련하기만 하다

물 밖에 나온 물고기 몸부림치듯
문 주방 기어 넘나들던 어린아이는
세월을 거스르지 않고 참 잘도 따라 가주었다

그 어렵던 시절 불평불만 없이
잘도 자라 이제는 백발에 등이
휘어지는 걸 보면
나는 아직 꿋꿋한 건 짊어진
멍에를 벗지 못해서 인 것이다

이제는 나도 가요
젊은 시절 고된 삶 속에 부르지
못한 노래 한 소절 부르며
나는가요
딱딱 딱딱 딱
그 한소리 남긴 채 온몸 불살라
한 줌에 재로 남겨둔 채 나는 간다

활활 온몸을 불살라
지난 고된 업 겹 기억만 남겨둔 채 연기되어
나는 간다

헌 구두

질척한 아침 길 인도에
물 올려다보며 비아냥댄다

풀리지 않은 짓누름에 숙취
천근에 짐을 진 채 두 다리
번갈아 가며 휘청거리고
내리흐르는 눈까풀 치켜
세울 길 없는 골목길 나와
우글거리는 내장안에 비벼
넣고 흔들거림에 요람 되어
아침잠 잔다

아침 햇빛 보지도 못한 채
달도 별도 없는 어둠 속에
축축해지는 발가락 사이
세월에 피는 흘러나오고
구멍 난 곳에 구두약 밀어 넣어
막아보지만 밀어내는 구두에 빠져 뒹굴고
고인 물에 우두커니 앉아 찌푸리고 보기 싫은 그 모습
뒷굽으로 윽개놓고 움막 찾아가는 거지다

질퍽질퍽 짝자기 발걸음 되어
벽에 붙 가로등 호의 받으며 집으로간다

5

그리움

행복

기다려지고
설레는 진동은
머릿속에서
잔잔히 울려왔다

마주한 시간은 짧고
떠나갈 시간은 길었다

낙락장송되리라 믿었던
혼자만의 약속은
들녘에 잡초가 되었다

행복은
언 땅 녹아 힘겹게
태어나는 새싹일 테고
다 자라나면
귀찮은 잡초일 뿐인데

가쁜 숨 몰아쉬며
허공을 가르듯
기다림은 부질없는 것이었다

행복은
또 다른 거름을 머금고
새롭게 자라나 태어날 것이다
기다리면 아픔 뿐일테니

폐부

가로등 땅거미 지우려 눈 부라리고
바람 찢으며 달리는 자동차 거친 숨만 몰아쉰다

얄팍한 움막집에 하나둘 모여드는 그림자
유리병 뉘우며 쓰디쓴 오늘을 삼키고 쓰러지는
하루를 마신다

뿌연 담배연기 뿜어 울부짖듯 쌓인 설움 토해내며
웃으려 애쓰는 모습엔 고단함이 자리잡아
미소는 주저앉아 눈물 흘리는데 천하를 손에 쥐려는 꿈은 무
너지는 희망에 비틀거리며
내일 없는 내일을 마신다
취한김에 용감해지려는 가장에 축처진 어깨엔 바람도 떨어져
울고 태산만한 마음 쓰러져 잠이들 때 얼굴에 흐르던 고단함
도 잠이든다

오월에 고독한 그리움

풀숲 숨어
하얀 손수건 흔들며
길 떠나는 뒷모습에
짙은 향기 건네 주는
여인아~!
나를 부르지 마오
발걸음 무겁기만 하다

당신의 진한 마음
내게 주려 하지 마오
당신이 보낸 그 향기
바람은 모두 마셔 버렸다

진정 날 사랑하려거든
떠나는 발길에 그대의
고운 향 담아 간직 했다
나 고향에 다시 돌아올 때 주시구려
기약없이 길 떠나지만

엄동설한 매섭다 마오
이내맘 시린 것만 하리오
폭풍한설 새벽별 잠들 때
소식 전하리다

흔적

고작 이 짧은 시간 함께하려 인연을 맺어야 했나 차가운 밤 바람에 웃고 따스한 햇볕에 울어야 하는 약속한 세월을 탓한들 무엇 하리오

내 일찍이 마음속 잠든 외로움을 시린 손 호호 불며 조심스레 정성과 사랑 듬뿍 넣어 탄생시켰건만

춥지 마라 목도리까지 둘러 주고 외출 후 돌아왔을 때 말도 없이 떠나 버리면 난 어쩌란 말이요

우두커니 혼자서 외롭고 추워할까 봐 햇볕에게
어렵게 부탁했는데
무엇이 그리도 슬퍼 울다 흔적만 남긴 채
떠나가 버렸나

혼자서 외로웠나
함께 할 수 없는 우리에 인연
내 마음속에 담아둔 채 꺼내 보지도 못하고
그리움으로 담아 두어야하나

여름날 흘러내리는 땀에 침몰되어 쓰러질 때
그리워지겠지

찬바람 온몸 감아 시리게할 땐 더 생각이 나겠지만
지멋대로 생긴 그 모습이

가을

아무런 말도 하지 말아 줘
말을 하면 눈물이 흘러내릴 것만 같으니까
봄 햇살 가득한 어미의 사랑도 받지 못했는데
어찌 쓸쓸한 아비의 사랑을 받으려 할 수 있나

시간이 갈수록 커져만 가는 마음 한 가닥
이빨 빠진 나뭇잎 사이로 내려오는 햇볕
왠지 서글픔이 정수리에 흐르고만 있다

굽이굽이 능선 넘어 계곡 건너 불어오는
바람에 머리를 빗고 양지에 앉아
버려진 마음을 말리며 아무도 찾지 않는
낯선 카페에서 널 기다려 본다

사랑도 모르는 너를 아무 말도 할 수 없는 이 마음
억새밭에 숨어 있는 너만은 알고 있겠지
그런 마음으로 널 이해하려
긴 한숨 지나는 바람의 등에 업혀 보낸다

해당화 피는 언덕

모래 백사장 목마른 꽃 위에
뜨거운 햇볕은 타들어가는 꽃잎 위에 내려 앉는다

저 멀리 수평선 너머 반짝이며
나타날 것만 같은
임은 돌아올 줄 모르고
기다림은 길고 길기만 하다

석양이 붉게 물든 서쪽 하늘
바다의 품에 안기는데
떠난 임 돌아올 기약이 없다

억새는 울고

무더운 긴 여름 머물던
언덕배기 가을바람 불어오면
사각사각 소리 내며
억새는 운다

달빛 내리는 밤
지난 시간 편곡하여
귀뚜라미 음률에 가사를 써본다
허공에 울리는 소리
바람이 흔들어 놓을 때
나는 눈을 감고 들려오는
소리 귓속에 담아본다

찌르르 풀벌레 시름 소리
창문 틈새로 기어들어 와
나를 일으키려 애를 쓰고
머리카락 부여잡고
흔드는 가을밤에 노래
억새의 슬픈 곡조
풀벌레는 애가를 부른다

시월은

어느 시월에 밤은 저물어만 간다
젊음에 시절은 이제 졸업을
해야 하는 아쉬운 시간만
다가온다
내일에 입학식은 쓸쓸하고
외로울 것만 같다
흐르는 계곡물 찬바람에 추워
떨어진 낙엽 끌어안고 데굴데굴 뒹굴며 내려간다
이빨 빠진 능선엔 다물지 못한
입 벌린 채 잇몸 사이로 숨바꼭질 하는
바람에 떨어진 잎새
모여앉아 웅성거린다
시월에 밤은 외로움만 건네주고
막차처럼 달려간다

엄니가 그리운 날

하얀 모시 치마폭에 앉은
배추흰나비 삼복 햇볕은
언덕마루에 서 있고
검은 쪽머리 동구 밖으로
멀어질수록
아지랑이 피어오르듯
개똥참외 같은 당신의 향기
남겨 놓은 채 고갯마루 바위에
맨발로 걸터앉아 한없이
기다린 어머니

구름은 내 몸 태우고
뻐꾸기 날아와 꿈 쪼아 대며
한나절 우는데
모시 적삼 곱게 차려 입고
쪽진머리 비녀가 빛나는
머리끝 어린 눈에 비친 큰
그림은 지금도 그대로인데
한 송이 꽃 시든 채 떨어져
보이지 않는 은 푸른 비녀는
흙에 묻혀 잠이 들었다

힘없이 웃는 밤 비가 내리면
질척한 흙은 빗물 머금고
밤새 흐느껴 운다

오디

찬바람 눈을 떠 젖을 머금고
품에 안긴 채 치마폭에 싸여
숨어 자라고 붉은 모습 수줍음에
세상 밖을 내다보며 파란 하늘 벗하고
찬 이슬 막아주는 품
언제나 나서기를 시려하고 감춰진 채 강렬한 햇볕은 나를 태워 놓고 있다

커져만 가는 엄마에 치마는
내가 변해갈수록 감추려 애를 쓰고
지나는 바람만이 스치며 툭 건드리고 간다
왜 나는 푸른 어린 시절에서
검게 변해야만 하는 것인지
대답 없이 덮어만 주는 치마
두 발에 털 없는 짐승만이 좋아하며
날 잡아떼어 입속에 넣고 미소 짓는다

떨어지는 아픔에 뽀얀 젖은 눈물처럼 흘러 응고되고 바람 불어 이리저리 흔들며 지키려는
엄마의 푸른 치마

혼혈에 찾는 이 없지만

거침없이 떨어져야 하는 운명의 끝은 아픔 뿐이다
누가 지었나 나의 이름을
검붉은 나

여인과 사과

봄꽃 양기 받아 여름은
성숙하게 키워내고 잘 여문 사내
통통하게 살이 두꺼워질수록
립스틱 바른 입술 더듬이처럼
떨리며 하얀 이빨 감춘 채 콱
깨무는 순간
아삭
하며 짧은 신음 토해내
그 입술에 흐르는 눈물 시고
달기만 하여 물었던 흉터
또다시 깨물어
괴로운 듯 아야

그 소리에 놀란 물든 잎새
기절하여 땅에 떨어져 통곡
하고 앙상한 가지는 봄날에
푸르던 기억하질 못하고
대 머리 된 채 매달린 사내
떨어 트시려 흔들어댄다

봄바람에 웃던 소리는
낙엽 되어 가기까지

변할 줄 모른 채 사내
입안에 담아 눈보라 망각 속에
긴 잠들고 봄을 즐기는 입술도
건조해 가는 걸 보면 변형되어
노쇠하여 가나 보다
시간은 계절을 떠밀고 세월은 계절을 자꾸만 내려놓는다

세월은 보내야만 하고
떠난 사내에 두 팔엔 앙상한
뼈만 남긴 채 시려오는 아픔을
감당해야만 하는 걸 탓할 수
없지 않나
함께한 소중함을 잊어버릴 때
밟히고 으깨져도 말 못 한 채
슬피 울어 흐느낌마저 용서
없음을 떨어진 잎새 앙상한
가지에 불어 스치는 바람
더 쓸쓸하기만 하다

잎새의 흐느낌도 듣지 못하는
조용한 이별에 연습을 아픈 마음
쓰라린 가슴 울어 흐르는 눈물을
더 아프기 전에 준비해야겠다

죽림

햇볕마저 등을 돌리고 찾지 않는 곳
바람 지나는 길 손 흔들어야 했고
이것도 운명인지라 태어나야만 했다
입에 물린 젖꼭지 땅속 깊게 물려
태양의 양기 받으려 한참을 올라야 하기에
허리 늘려 삼백예순 다섯 날 온몸 풀어
헤치고 올라야 했다
마디마다 사연은 쌓여 텅 빈 마음엔
울림만 있을 뿐 예순 마디에 쉬려 할 때
쉰 날을 태양 끝에 올라 있어야만 했다
백발 될 수 없는 몸 질긴 생명 놓을 수 없어
늙어도 자라야 하는 기구함을 누구인들 알겠는가
사각 소리에 텅 빈마음 울림이
발끝에 전해질 때 찬바람 흔들어도
누워 잘 수 없는 몸 이렇게 살라고
태어난 것을 탓한들 무엇 하랴
태양의 양기 끊어지면 음지에서
다시 태어나 빈속 채울 수 없는
허허함을 노래로 부른다

김성수 시집
노을 따라 가는 세월

2020년 1월 20일 초판 인쇄
2020년 1월 25일 초판 발행

지은이 / 김성수

발행인 / 강병욱
발행처 / 도서출판 교음사

03147 서울 종로구 삼일대로 457 수운회관 1308호
Tel (02) 737-7081, 739-7879(Fax)
e-mail / gyoeum@daum.net
등록 / 제 2007-00052호

* 잘못된 책은 바꾸어 드립니다. 값 10,000 원

ISBN 978-89-7814-770-5 03810

이 도서의 국립중앙도서관 출판예정도서목록(CIP)은 서지정보유통지원시스템 홈페이지(http://seoji.nl.go.kr)와 국가자료공동목록시스템(http://www.nl.go.kr/kolisnet)에서 이용하실 수 있습니다. (CIP제어번호 : CIP2020002242)